CE QUE DOIT FAIRE

LA GAUCHE

PARIS

LIBRAIRIE DEGORCE-CADOT

70 BIS, RUE BONAPARTE, 70 BIS

CE QUE DOIT FAIRE LA GAUCHE

I

La gauche démocratique et radicale du corps législatif a été dans ces derniers temps en butte aux repro-
ches les plus amers et aux accusations les plus vives
au sujet de sa conduite à l'époque de la prorogation,
plus récemment à l'occasion du 26 octobre, et enfin à
propos de son devoir manifeste. L'insulte personnelle
n'a même pas été épargnée à quatre de ses membres
dans une réunion où des gens qui n'avaient et ne pouvaient avoir aucune délégation des électeurs ont, avec
une fureur aveugle, donné à l'ennemi commun le
spectacle des divisions funestes qu'ils entretiennent
maladroitement dans le grand parti de la démocratie.

On ne veut ici ni accuser, ni justifier, ni attaquer, ni
défendre la gauche, dont le suffrage universel est le
seul juge, et ce n'est pas d'ailleurs le passé que l'on a
en vue, mais le présent et un avenir prochain. L'heure
est solennelle pour le pays ; rarement la situation a
été aussi grave. Il faut donc l'étudier avec soin, la définir nettement et chercher avec l'attention la plus sou-
tenue, avec la prudence la plus scrupuleuse, comme
aussi avec la foi la plus ardente, les moyens d'éviter
tout le mal qu'elle peut amener et d'en tirer tout le
bien qu'elle doit produire.

II

Lorsqu'en 1848 on vit surgir ou plutôt ressusciter le
bonapartisme, tombé dans un juste et profond oubli,
et pour lequel les hauts faits de Strasbourg et de Boulogne avaient été un véritable suicide, cette réappari-
tion inattendue fut considérée comme l'effet du trouble
des éléments politiques et sociaux à cette époque, et
comme un accident analogue à la génération spontanée
de certaines espèces de cryptogames après un jour
d'orage.

L'accident cependant se prolongea, se développa outre
mesure, sut se donner des racines légales dont il pro-
fita pour envahir le reste du terrain, devint, par une

transformation violente, l'empire, et, de son ombre énorme couvrant la surface de la France, éclipsa le soleil de la liberté. Ce phénomène causa la douleur d'un grand nombre, la fortune de quelques-uns, la surprise de tous.

On y chercha diverses explications : les habiles et les courtisans y virent le triomphe d'un génie merveilleux et jusqu'alors incompris : les fatalistes, une des oscillations forcées du pendule politique allant sans cesse de révolution à réaction ; les naïfs et les solennels, ce qui est tout un, ne manquèrent pas de mettre l'aventure sur le compte de la Providence, ce vieux bouc émissaire des infirmités humaines.

Tous étaient dans l'erreur.

On est trop souvent porté, dans le jugement des hommes et des choses, à manquer de mémoire, et, par suite, de justice. On n'est pas moins enclin à considérer les événements de la vie des nations comme indépendants les uns des autres et de la série universelle des faits, tandis qu'en réalité tout s'enchaîne, se modifie lentement et graduellement, et qu'aux choses de ce monde il convient d'appliquer la maxime linnéenne : *Natura non facit saltum*, en rien la nature ne fait de soubresaut, ne souffre de bond.

Que l'on se rappelle donc l'histoire de la monarchie de Juillet, la déviation si prompte des principes démocratiques qu'elle avait hypocritement invoqués à son origine, les répressions sanglantes de Paris et de Lyon, les lois de Septembre, l'entretien d'une formidable armée permanente, malgré le système de la paix à tout prix, la tache d'huile du gouvernement personnel s'étendant, s'étendant toujours et aboutissant à la grande affaire des mariages espagnols, la bride lâchée et l'aiguillon prodigué à tous les intérêts matériels, et le mot du règne : *Enrichissez-vous!* proclamé par son principal ministre. « Tout devint, dit Louis Blanc (1), matière à trafic et la réputation, et la gloire, et l'honneur, et la vertu. Ces six mots : *Chacun pour soi, chacun chez soi*, exprimèrent et continrent toute sagesse,

(1) Révélations historiques en réponse au livre de lord Normanby intitulé *A year of revolution in Paris*, t. I, chap. I, Louis-Philippe et son règne, pag. 29 et 30. — Bruxelles, 1859.

toute science. *Faire ses affaires*, fut l'unique préoccupation du jour. La religion ? une affaire ; la politique ? une affaire ; la philosophie, la littérature, l'art ? des affaires. Que d'écrivains se firent administrateurs de leurs pensées et tinrent boutique de vérités ! On escompta le génie des meilleurs, on aurait escompté leur âme. Ce fut alors que le mariage mérita la place qui lui avait été gardée dans le livre de nos lois, entre le contrat de vente et le contrat de louage, et l'on supputa si c'était un intérêt de 4 ou de 5 pour cent que rapportait l'amour. Il y eut un moment — qui pourrait en avoir perdu le souvenir ? — où on ne parla plus en France que d'acheter des actions sans les payer, de courir après des dividendes, des primes, de voler régulièrement des millions. La rue Quincampoix fut retrouvée. Enrégimenter des actionnaires pour l'exploitation d'une mine imaginaire, faire des dupes avec une invention fausse, cela s'appela *avoir des idées*. Vous ne rencontriez que charlatans, brocanteurs et spéculateurs en chimères. On avait mis sur la scène, comme la plus sanglante des ironies sans doute, *Robert Macaire*, personnification hideuse de l'esprit dominant : tout le Paris des salons courut à une pièce où l'on tournait en ridicule la tendresse paternelle, la piété filiale, l'amitié, le dévouement, l'amour, et tout ce Paris-là s'en revint charmé. Des électeurs à vendre s'offraient en foule : un procès fameux prouva qu'il ne manquait pas d'éligibles pour les acheter. On se fit nommer député sans autre but que d'obtenir une concession ou une place. Que dire encore ? Chaque talent de fonctionnaire eut son tarif, chaque idole fut faite d'or et de boue. Puis, vers la fin du règne, afin de mieux le définir et le résumer, il arriva qu'un homme de la cour fut obligé de fuir pour vol ; qu'un prince eut à subir les flétrissures judiciaires pour délit de faux ; qu'un ministre fut condamné pour concussion ; qu'un pair de France le fut pour assassinat. » Le coup de foudre de Février éclata sur cette corruption, et l'air, pour un moment, fut assaini.

Mais ce n'avait été qu'un orage, et comme un avertissement de l'avenir, d'un avenir assez prochain pour solliciter impérieusement l'attention sérieuse de la

France et du monde, trop vague encore pour devenir le présent. Dans les circonstances et par les moyens que chacun sait et dont tous nous avons souffert, l'empire se substitua à la République. Dès lors, le cours interrompu de la démoralisation sociale se poursuivit et s'accéléra. Le culte des intérêts matériels absorba toutes les pensées, toutes les forces, toutes les énergies. Il ne s'agissait plus d'empaumer quelques actionnaires crédules par l'appât des bénéfices problématiques d'une entreprise imaginaire, d'une exploitation fantastique : nos Argonautes prétendirent nous conduire à la conquête de la toison d'or, et la France dut payer, en hommes et en argent, les frais d'une guerre où la possession des mines de la Sonora était la récompense promise à son courage et à ses déboursés. Ainsi le mal, dont l'intensité était déjà devenue effrayante pendant les dix huit années de la monarchie de Juillet, grandissait encore et s'élevait à une puissance dont l'exposant, s'il pouvait être chiffré, serait d'une incroyable énormité.

Nous ne sommes point fataliste et nous sommes loin de penser que tout ce qui est possible soit légitime. Mais comme, d'un autre côté, nous ne saurions faire à un homme, quel qu'il soit l'honneur de croire qu'il puisse à lui tout seul arrêter subitement ou détourner le cours d'une révolution et dire aux flots de l'Océan populaire : « Vous n'irez pas plus loin, » il faut bien que nous admettions une force antérieure et supérieure à lui, qui lui a frayé la voie, qui l'y a poussé, qui l'y a maintenu, et dont il n'a été, à son insu, que l'humble exécuteur. Cette force, c'est l'esprit des classes dirigeantes au temps des d'Orléans, des hauts et puissants seigneurs du capital et de l'agiotage, qui, un instant étourdis et déconcertés par ce qu'ils appelèrent la catastrophe de Février, se remirent bientôt d'une alarme si chaude, et grâce à la coalition de tous les intérêts, de toutes les peurs, de toutes les lâchetés, reprirent promptement bien plus que le terrain perdu. Qu'aujourd'hui, épouvantés de leur propre triomphe, servis au-delà de leurs désirs par celui qu'ils avaient chargé de la besogne, se défiant de lui, d'une part, de l'autre cherchant à prévenir une nouvelle *catastrophe* dont ils flairent vaguement l'approche, ils s'efforcent de réagir contre la réaction dont ils se firent jadis les promoteurs, et tâchent d'éblouir l'univers du nom de tiers-parti qu'ils se sont bravement donné et qu'ils portent fièrement, cela importe peu et ne change rien à la question. Le coup d'État du 2 Décembre n'eût été qu'une troisième représentation de la farce jouée à Strasbourg et à Boulogne avec si peu de succès, si les gens qui s'intitulaient alors le grand parti de l'ordre, comme ils s'appelaient jadis les *satisfaits*, comme ils se nomment à présent le *tiers-parti*, ne l'avaient préparé, soutenu, accepté et fait durer.

Cela nous mène à remarquer que, pas plus que de 1830 à 1848 il n'y a eu d'orléanistes, il n'y a eu de bonapartistes depuis 1851. Nous laissons de côté, bien entendu, quelques dévouements personnels et isolés qui ont pu se produire sous l'un comme sous l'autre régime, mais qui, ni par le nombre ni par l'importance, ne sauraient constituer un véritable parti. La monarchie de Juillet et l'empire de Décembre ne furent donc, avec des formes diverses et sur des bases variées, que les moyens dont se servit la bourgeoisie pour dominer. L'artifice de tout autre établissement monarchique eût rempli le même but, et l'existence de ces systèmes, dont l'un n'est que le prolongement, le développement de l'autre, a été purement contingente et subordonnée. Si même la vieille monarchie restaurée en 1815 avait pu se plier aux exigences de son temps et s'accommoder de l'esprit mercantile et agioteur, elle eût suffi à sa tâche, et la révolution de 1830 n'eût pas eu lieu. Mais le droit divin, qui agonisait depuis le coup de hache du 21 Janvier, dut mourir plutôt que de se transformer de la sorte : *Potius mori quam fœdari.* C'est aujourd'hui une chose morte, bien morte, et dont heureusement il n'y a plus à se préoccuper.

Nous ne voyons donc pas, pour le dire en passant, ce que les organes officiels entendent par le mot d'*anciens partis*, qu'ils produisent à toute occasion. Le parti vulgairement appelé légitimiste n'existe plus, et de ce côté, le combat est fini faute de combattants. L'orléanisme n'est qu'une conspiration d'intérêts matériels qui ne tient pas plus à un drapeau qu'à un autre et que le système impérial a longtemps satisfaite. La démocratie... ah! ceci, c'est autre chose; il ne s'agit plus d'un parti, mais de la nation.

S'il en est ainsi, va-t-on nous dire, comment se fait-il donc que l'explosion de 1848, si subite, si violente, et qui s'étendit si loin ait si misérablement avorté?

Cette explosion, et surtout le funeste malentendu de Juin furent le soulèvement du prolétariat et de la misère, soulèvement confus, inconscient, qu'on eût pu prévenir sans doute, dont on eut peur, et qu'on ne sut que réprimer sans en rendre le retour impossible. La démocratie, neuve aux affaires, inexpérimentée, dépourvue de science pour résoudre le problème de la faim et tous ceux qui se posaient avec celui-là, succomba dans la lutte et dut céder la place à la réaction, qui, d'aïlleurs, ne trouva pas non plus dans son sein un Œdipe capable de deviner l'énigme du Sphinx. Bien des causes encore, qu'il serait trop long d'énumérer ici, amenèrent notre défaite. Elle ne fut pas entière toutefois, et l'avortement ne fut pas si complet qu'on se plaît à le dire : de nos conquêtes, si vite perdues, nous avions gardé la plus grande et la plus précieuse : le suffrage universel.

C'est ici que l'impérialisme se raccroche comme à une planche de salut et s'écrie : « Je suis le fruit du suffrage universel, la quintessence de la souveraineté nationale que je représente et avec laquelle je dois être identifié! » Encore une fois, nous n'avons pas besoin de rappeler de quelle façon le coup de Décembre a été perpétré et sous quelle influence étrangère à toute idée de liberté le vote qui a suivi s'est produit. Il est également superflu d'insister sur le caractère particulier qu'ont donné aux diverses élections depuis l'établissement de l'empire la pression administrative, le système des candidatures officielles et le reste. Mais, de quelque manière qu'il faille apprécier le passé, les élections de cette année ont montré, malgré toutes ces entraves, jusqu'à quel degré le régime impérial peut se considérer aujourd'hui comme le représentant du vœu national.

Aujourd'hui, ce régime est réduit à combattre à la

.fois ses ennemis éternels et ses anciens amis qui l'abandonnent ou se tournent contre lui.

« Le flot qui l'apporta recule épouvanté, »

et il demeure seul et désespéré sur le rivage.

Quant à ses ennemis éternels, ce sont les éternels apôtres de la liberté, l'armée indestructible qui sans cesse lutte, meurt et ressuscite sous le drapeau de l'esprit moderne.

III

L'esprit moderne est vieux comme le monde. C'est l'esprit de nature, de vérité et de justice qu'obscurcit de bonne heure dans l'humanité jeune, ignorante et faible, l'ombre froide et funeste de la religion, du mensonge et du bon plaisir. L'histoire universelle n'est que l'histoire du duel implacable de cette lumière avec cette ombre. Les phases du combat ont été diverses; mais l'issue n'a jamais cessé d'en être certaine, et elle approche avec une rapidité croissante grâce aux succès répétés de la bonne cause, qui présagent une victoire définitive.

Malgré certaines rivalités semblables à celles de deux rapaces en présence d'un passereau, malgré quelques vaines apparences, la complicité du despotisme laïque et du despotisme ecclésiastique a été permanente et ne cessera qu'avec l'existence même de ces deux fléaux : ils sont nés l'un de l'autre, et la fin de celui-ci doit entraîner la fin de celui-là. Tandis' que les religions des peuples de race ariane furent, dans une certaine mesure, symboliques de la nature qu'elles cherchèrent à représenter et non à combattre, celles des peuples de race sémitique, qui malheureusement conservèrent sur toutes les autres, dont elles étaient peut-être la source commune, une influence considérable, se montrèrent les ennemies acharnées de la nature, de la vérité et du droit. Les traditions et les doctrines juives, chrétiennes et musulmanes en fournissent des preuves accablantes. L'arbitraire et le bon plaisir trônent dans les cieux avec Allah comme avec le vieux Yehoua. Qu'on relise dans la bible juive l'abominable histoire de Kaïn et de

Habel : le dieu des Sémites nomades repousse l'offrande
du laboureur pour accueillir celle du pasteur. En vérité, si ceux qui professent la théorie de la complicité
morale, théorie que nous repoussons d'ailleurs de
toutes nos forces, avaient quelque impartialité, ils
n'hésiteraient pas à charger Yehoua, tyran fantasque,
divinité capricieuse, d'une bonne part de responsabi-
lité dans le crime de Kaïn. Et, dans la légende des
anges rebelles, n'est-il pas l'oppresseur, le despote,
tandis que Satan, comme ailleurs Prométhée, représente
la liberté opprimée et réclame toutes nos sympathies?
L'Inquisition réalisa dans des proportions effroyables
ces mythes sauvages. C'était l'esprit de l'Eglise catho-
lique, apostolique et romaine qui, avec l'épée du grand
Karl, avait violemment converti les Saxons et qui, depuis l'an 1022, brûlait en France les hérétiques. C'é-
tait l'esprit de l'Evangile, où l'intolérance et la persé-
cution sont inscrites à chaque page. C'était enfin l'esprit
de toute religion prétendue révélée, qui n'a un véritable droit au nom de religion qu'à la condition d'être
intolérante et dont l'inévitable consébuence sociale et
politique est une théocratie étayée du bourreau.

Dans la suite des temps, la situation n'a pas toujours été nettement tranchée : la tyrannie cléricale,
après avoir produit et tenu dans la subordination la
tyrannie militaire, a dû, par moments, partager l'empire avec elle, subir des compromis, signer des con-
cordats, recourir au bras séculier dont elle ne disposait
plus absolument; et la complicité des deux despotismes, comme nous le disions plus haut, a prolongé
et aggravé la servitude de l'humanité. Cette complicité
s'exerce particulièrement aux époques où l'esprit que
nous appelons aujourd'hui moderne, prend des forces,
se développe et menace de conquérir le monde qui
doit, à la fin, lui appartenir. C'est alors que les soldats
de la République française sont envoyés par un gouvernement traître à son mandat pour détruire la République romaine. C'est alors qu'on inflige à une
armée française des victoires comme celle de Mentana.
C'est alors que l'autorité multiplie les martyrs de la
liberté ; car elle sent qu'elle n'est pas éternelle, et elle
ne peut se donner le luxe d'être patiente.

Ce manque de patience auquel elle est ainsi amenée est en même temps ce qui la précipite, par l'irritation où il jette ses ennemis. Mais parfois, quand le danger devient trop pressant et qu'elle n'ose risquer la violence, elle se réfugie dans la ruse, feint d'être habile, quand, en réalité, elle est aux abois, caresse la fibre populaire, arbore hypocritement le drapeau de la liberté et, sous ce pavillon dont elle couvre sa marchandise frelatée, espère en faire prendre livraison sérieuse aux nations égarées, et leur demande effrontément quittance. Le seul résultat de ces manœuvres coupables est de fausser toutes les situations, de prolonger la lutte et d'en accroître les désastres, sans faire grâce à la tyrannie du châtiment qu'elle a mérité.

Tandis que l'absolutisme de l'encensoir et celui de l'épée marchent par des voies tortueuses et obscures, rien n'est plus droit et plus clair que le chemin suivi par la liberté. Cette rectitude et cette clarté peuvent paraître naïves et désavantageuses en comparaison de certaines habiletés et des triomphes momentanés qu'elles procurent. Mais il est des moyens au prix desquels nous aurions honte d'atteindre la fin que nous poursuivons. Seulement, et c'est là le point capital, l'esprit de liberté qui a jusqu'à présent agi d'une manière surtout sentimentale et instructive, doit, dans nos temps modernes, s'appuyer de préférence sur la raison, procéder de la science, devenir lui-même une science.

Il n'est malheureusement pas rare de rencontrer des gens de toute condition, travailleurs de la ville ou de la campagne, hommes d'affaires, employés, rentiers, qui vous disent bien naïvement et bien sincèrement:

— Oh! moi, je ne m'occupe point de politique!

Des citoyens qui ne s'occupent point de la cité, c'est comme si des musiciens ne se souciaient point de la musique, des savants de la science, des commerçants du commerce, des marins de la marine.

Au temps de la fiction du *pays légal*, on pouvait concevoir que ceux qui n'avaient point voix au chapître ne s'inquiétassent nullement de ce qui s'y débitait, sûrs qu'ils étaient de payer les frais en tout état de cause.

Sous le régime du suffrage universel, une telle indifférence ne se comprend plus; elle est funeste, elle est coupable, elle doit disparaître.

Mais en demandant que tout le monde s'occupe de politique, puisque la politique n'est que l'ensemble des affaires de tout le monde, nous n'entendons point tomber dans une erreur et un préjugé qui, par une bizarre contradiction, ne sont pas moins communs que l'indifférence dont nous nous plaignons. Ceux, en effet, qui échappent à cette indifférence et prennent un goût décidé pour la politique, s'y improvisent généralement maîtres et docteurs et n'ont garde de s'y préparer de longue main. On étudie les mathématiques; on apprend l'anglais; on se fait donner des leçons de danse : bien peu de personnes conçoivent qu'il puisse y avoir une science politique, ont l'idée d'en acquérir quelques notions par une application constante, et songent à la compléter et à la modifier selon le progrès des temps. S'il était permis de plaisanter en un si grave sujet, nous dirions que le plus grand nombre, à l'instar du rôtisseur proverbial, se croient et se proclament volontiers politiques de naissance et d'inspiration.

Il faut bien l'avouer, cette ignorance, pour appeler les choses par leur nom, est, sauf de rares et brillantes exceptions, générale dans tous les partis. Suivant la mode du moment, l'engouement de la minute, on traite une question, on l'abandonne pour passer à une autre, sans s'être préparé à parler d'aucune par des études spéciales et préalables. De grands mots, dont souvent on aurait peine à rendre compte, des formules convenues, qu'on serait, la plupart du temps, fort embarrassé d'analyser, voilà tout le bagage du plus grand nombre.

Les hommes du passé, grâce à une certaine habileté de surface, parviennent à déguiser leur insuffisance, à faire illusion aux autres, et à s'abuser peut-être eux-mêmes. L'habitude du pouvoir qu'ils ont détenu longtemps ou qu'ils détiennent encore, et l'assurance que leur donne le succès, leur tiennent lieu de science politique dans l'esprit des compères et des naïfs.

La démocratie, en cela comme en tout plus franche que ses adversaires, a cru et a dit volontiers que l'en-

thousiasme et la générosité suppléaient au savoir. Elle
a trop regardé, nous le répétons, la politique comme
une affaire de sentiment plutôt que de raison. Il y a là
sans doute un défaut du caractère national. La France
n'a guère eu jusqu'ici qu'une politique de tempéra-
ment qui l'a fait, par des accès et des soubresauts vio-
lents, passer de l'esclavage à la liberté, pour retomber
de la liberté dans l'esclavage, reconquérir et reperdre
encore la liberté.

Cela certes ne fût pas arrivé si l'on eût créé une
science politique, si l'on eût compris que la politique
est, à vrai dire, l'histoire naturelle de l'homme en société, une sorte d'anthropologie sociale et que, pour
gouverner l'homme, ou mieux, pour lui enseigner à
se gouverner lui-même, il faut l'étudier et le connaître
et asseoir la constitution de l'Etat sur les bases iné-
branlables de la race, du climat, de l'histoire, sur la
nature en un mot.

Fonder et vulgariser la science politique, créer l'esprit public qui manque à notre pays ou qu'il ne possède
qu'incomplètement, est chose plus facile qu'on ne le
croit.

De quelque voile brillant que nos ennemis envelop-
pent leurs doctrines, de quelques prétextes généreux
et trompeurs qu'ils colorent leur système, ils n'ont là-
dessous aucune idée, ils ne représentent aucun principe ; leur unique mobile est un intérêt personnel de
domination individuelle ou collective fondée sur l'a-
bêtissement de l'humanité. En cela est la cause de leur
faiblesse et le germe de leur mort.

Nous, au contraire, nous, les soldats de la liberté,
de l'égalité et de la fraternité, nous portons haut et
sans voile notre drapeau ; notre idée est clairement
déterminée ; nos principes éclatent à tous les yeux et
sont nettement arrêtés ; c'est dans nos rangs qu'on
trouve les martyrs, les désintéressés, les héros ; nous
n'avons nul besoin de descendre aux expédients ni de
nous cacher sous des prétextes, et notre franchise, dont
on rit parfois, fait notre puissance et fera notre victoire.
Mais, précisément parce que nous pouvons agir au
grand jour, nous devons ajouter à la force naturelle
de notre cause, la force raisonnée de l'étude et de la

science, et marcher à notre but dans toute la majesté
et avec la calme et sereine allure qui sied à la justice
et à la vérité.

C'est pour avoir été, il faut bien l'avouer, au-des-
sous de ce rôle simple et grandiose, pour être demeu-
res les bras pendants et la bouche béante devant les
problèmes que Février posa tout à coup, en France et
ailleurs, pour avoir en un mot été pris au dépourvu,
que nous avons pu laisser échapper de nos mains le
triomphe de ce moment, qui eût pu être décisif dans
d'autres conditions. Il nous fallait, paraît-il, et nous
n'y songeons point sans amertume, il nous fallait, tout
le sang, toutes les larmes, tout l'or que le gouvernement personnel nous a coûtés, tout le temps qu'il nous
à dévoré, pour nous rendre aptes à profiter d'une victoire nouvelle quand les temps seront venus, pour ap-
profondir les questions, pour acquérir la science, pour
avoir les mains pleines de semences fécondes qui ger-
meront cette fois dans le sol bien labouré, et que nous
saurons cultiver de manière à récolter la moisson. Aujourd'hui nous sommes prêts; nous ne serons point
surpris, et, si nous ne résolvons pas du premier coup
toutes les difficultés qui se dresseront devant nous, du
moins ne s'en présentera-t-il point sur lesquelles nous
n'ayons médité longuement et fructueusement.

Toutefois les derniers combats de la grande guerre
seront terribles. Si d'une part, les pouvoirs laïques qui,
d'un air superbe, daignent octroyer au peuple ce qui
lui appartient et ce qu'ils lui ont pris, lui disent en
même temps : « Nous ne te concèderons rien de plus! »
et, armés jusqu'aux dents, se cantonnent dans les re-
tranchements du pseudo-libéralisme; d'autre part, les
prétentions ecclésiastiques s'apprêtent à livrer un assaut furieux et général à l'esprit moderne. Il serait
peut-être puéril d'attribuer au concile œcuménique,
dont le mois de décembre de cette année verra l'ou-
verture à Rome, une importance que ne saurait laisser
à des choses de cette espèce la force acquise, de notre
temps, à la raison humaine et à l'armée pacifique de
la liberté. Mais il serait insensé aussi de mépriser
complètement cette manifestation de nos ennemis les
lus redoutables. L'avenir peut conjurer de telles me-

naces et les rendre vaines, en opposant la raison à la sentimentalité, la nature à la fiction, la science à la fantaisie.

L'esprit moderne ne veut plus nulle part, ni en politique ni ailleurs, rien de factice, de fictif ni de mensonger, rien d'arbitraire, de capricieux, d'inique ni de violent. Il veut et il réalisera partout la vérité, la nature, la lumière, le droit, la justice, la paix. Qu'il se défie surtout, au moment de la lutte décisive, de la complicité, que nous signalions tout-à-l'heure, de tous les despotismes; complicité, tantôt partielle, tantôt complète, déguisée ici, patente là ; qu'il les combatte tous à la fois, sans ménagements, sans faiblesse, sans merci. Il est assuré de la victoire finale; mais il importe au bonheur de l'humanité d'en avancer l'heure et d'abréger la bataille par toutes les connaissances scientifiques, par toute la stratégie politique et sociale, par toute l'énergie morale, par tous les dévouements héroïques dont disposent et dont disposeront de plus en plus, ceux qui marchent sous la bannière de la liberté.

<h2 style="text-align:center">IV</h2>

Il était indispensable d'établir au préalable, — e nous l'avons fait le plus succinctement possible, — d'où nous venons, où nous en sommes, et ce que nous voulons, pour rechercher ensuite par quelles voies et par quels moyens nos volontés pourront passer dans la réalité des faits, et pour indiquer la route que nous croyons la plus droite, la plus courte et la plus sûre à ceux qui doivent naturellement marcher à notre tête, c'est-à-dire aux députés de l'opposition irréconciliable et radicalement démocratique.

Nous avons annoncé en commençant l'intention de ne pas nous arrêter à considérer longuement le passé. Nous ne pouvons toutefois éviter d'y faire allusion. On a reproché avec emportement aux députés d'avoir accepté la prorogation en juillet dernier. La protestation énergique lancée par M. Jules Favre a semblé généralement insuffisante. Nous pensons aussi qu'à ce cri éloquent de la dignité blessée eût dû succéder le lendemain, quand le soufflet sur la joue était encore tout

chaud, une protestation écrite et collective de la gauche, qui eût été en même temps une déclaration de
principes en conformité avec l'esprit et les aspirations
de la masse électorale qui s'était prononcée dans les
élections de mai et de juin. Nous pensons aussi qu'à
partir de ce moment les députés de la démocratie radicale eussent dû se tenir en rapports constants avec
leurs électeurs, traiter et discuter avec eux, non les
petites questions variables et éphémères de la stratégie
quotidienne, non les hasards plus ou moins prochains
de la chute du gouvernement autoritaire et du renouvellement social et politique qui doit la suivre, mais
les grandes questions du lendemain. A défaut de la
tribune du corps législatif qu'on leur avait dérobée,
ils avaient les réunions privées et autres. Qu'est-il
arrivé ? Les Calinos de la démocratie ont agité contre
eux; tout le monde a fait des maladresses. Mais personne n'est parfait, et, au fond, le mal n'est pas si
grand qu'on pourrait croire. En dehors de cela, nous
ne voyons pas ce que nos élus eussent pu faire. Continuer à siéger; et, s'adressant à quelque chambellan
s'écrier : « Allez dire à votre maître.... etc? » La seule
supposition d'une telle parodie est bouffonne. Appeler
le peuple aux armes? Nul n'a pu y songer sérieusement. Il n'était pas vraisemblable que les électeurs de
mai et de juin se donnassent en juillet un pareil dé-
menti. Les élections de cette époque ont été une haute
manifestation de la raison publique, une consolante
explosion de la conscience nationale, une heureuse
concordance des faits avec les principes, et le triomphe
d'une logique irrésistible et justement impitoyable.
Cette logique, avec toute la brutalité d'une loi physique, sans yeux et sans oreilles, courant droit au but,
ne s'arrêtant ni à l'âge, ni aux services, brisant les
habitudes, immolant les personnalités, quelles qu'elle
soient, sur la pierre glacée et dure de la nécessité, a
prononcé à Paris, à Lyon, à Marseille, ailleurs encore,
entre les hommes qui se présentaient au verdict du
suffrage universel, et elle a condamné :

Les uns, parce qu'ils sont méchants et malfaisants,
Et les autres, pour être aux méchants complaisants.

Il lui fallait les *haines vigoureuses* dont parle le poëte; elle les a trouvées et elle les a prises Si les manifestations du progrès sont irrégulières et n'ont lieu qu'à des intervalles inégaux et avec des intensités diverses, le travail latent et la marche souterraine de la Révolution ne cessent pas un instant. L'inconséquence de nos oscillations est donc purement apparente et superficielle : il y en a nous une réalité et un fonds de raison invincible, de logique imperturbable qui constituent le génie de la nation et ne peuvent périr qu'avec elle.

Si la perpétuité de ce mouvement est pour nous un motif de foi, une source intarissable d'espérance et de courage, combien elle doit ébranler et déconcerter ceux qui tentent follement de l'arrêter, combien ses accélérations subites et formidables doivent les épouvanter !

Il est évident, et tout le monde l'a dit, que le caractère des élections de 1869 est celui d'une lutte tranchée entre deux extrêmes *irréconciliables*, entre la tyrannie du gouvernement personnel et la liberté de *self-government*. Il est évident que le temps des ménagements, des aternoiements, des moyens-termes, des demi-teintes, des grisailles politiques, des échanges, des concessions, des petites politesses parlementaires est passé. Il est évident que le règne des hommes incertains, chauves-souris et caméléons, amis de la chèvre et friands du chou, est fini pour ne plus recommencer. Il n'y a plus d'intermédiaires : les extrêmes se touchent; c'est le duel des héros d'Homère : « Enlève-moi ou je t'enlèverai ! »

Il y a là, en dehors de toute considération, une question de vice originel qui, depuis la fin du siècle dernier, a été posée devant tous les gouvernements successifs de la France, et qui toujours s'est trouvée résolue contre eux. Ce qui ressort en première ligne du triomphe de l'opposition radicale, c'est la condamnation implicite par les électeurs qui l'ont nommée de l'acte violent par lequel a été inauguré le système actuel, et le rappel par cette partie considérable du corps électoral, de l'absolution fameuse des 20 et 21 décembre 1851.

Sans doute, en regard de ce résultat, si important, si plein d'enseignements qu'il soit, il faut placer le nombre de voix encore énorme donné au *statu quo* par le reste du pays. Mais qu'est-ce que cela prouve? Que la lumière qui ne fait que de luire sur les villes n'a pas encore pénétré dans l'épaisseur des ténèbres qui couvrent les campagnes ; que l'on ignore là, comme on l'ignorait ici, ce qui s'est passé il y a dix-huit ans ; que la pression administrative dont les grands centres sont en mesure de s'affranchir est toute puissante encore dans les petites localités; que les électeurs de la majorité ne sont pas, de naissance, plus aveugles que ceux de la minorité, et que les uns rejoindront les autres, quand ils seront délivrés de la cécité officielle dont les afflige à dessein le pouvoir. Pour combattre ce dernier, il n'y a donc qu'à faire de plus en plus la lumière sur le passé et sur le présent, de façon que les rayons s'en projettent sur l'avenir et le montrent à tous les yeux tel qu'il doit être.

Quoi donc ! vont dire peut-être, comme M. Odilon Barrot le 24 Février, les partisans actuels de l'immobilité, les coryphées du tiers-parti, les amoureux transis de l'empire libéral, est-ce que, par hasard, on prétendrait remettre en question ce que nous avons décidé il y a dix-huit ans?... Que voulez-vous? Le peuple souverain a de ces retours : le suffrage universel a de ces revirements.... Alors, crient les journaux terribles et les conservateurs énergumènes du système, c'est l'émeute, l'insurrection, la violence, le pays à feu et à sang, les champs ravagés, les villes pillées!....

L'émeute? Pourquoi faire? La violence? A quoi bon ?

L'insurrection ? Oui : l'insurrection pacifique, sans armes, sans barricades, sans massacres; l'insurrection des bulletins de vote. Où voit-on le feu, le sang, le ravage et le pillage !

L'émeute! La violence! C'est insulter le suffrage universel : on est violent que quand on est faible. Nous avons pour nous la force morale, et il faut peu de temps pour mettre d'accord la force physique avec le droit.

On connaît cette belle symphonie de Beethoven dont

l'introduction commence par le chant d'un seul instrument. Bientôt un second vient s'y joindre, puis un troisième, puis un quatrième, puis d'autres encore, reprenant et variant toujours le même motif, jusqu'à ce que ce motif éclate en un formidable et majestueux ensemble. Le grand orchestre de suffrage universel nous présente le même effet, et nous présage le même finale unanime et harmonique.

Deux lutteurs implacables sont en présence : la liberté, qui marche d'un pied ferme sur un terrain solide, et le despotisme qui a derrière lui et devant lui un précipice. A chaque pas que fait l'une, l'autre est contraint de reculer et se rapproche fatalement de l'abîme. Effaré, il regarde à droite, à gauche, s'il ne pourra pas s'échapper par quelque sentier détourné, gagner seulement du temps. Non, non, le terrain de la lutte est limité : un mur ici, un mur là. Il faut marcher, c'est-à-dire reculer. Au dernier pas, le vaincu disparaîtra, comblant l'espace de ses débris, et ce sera pour jamais.

Est-ce de la violence et de la subversion ?

Non, c'est la concordance rigoureuse des faits et des principes, le triomphe de la raison publique et de la logique impitoyable.

En vérité, la situation est singulière et tout à fait nouvelle. La constitution du 14 Janvier 1852 existe encore de nom , mais la forteresse est serrée de près par des troupes sur la fidélité desquelles il était permis de compter; des mains amies prennent la hache et la pioche pour enlever ici une palissade, combler là un fossé, abaisser plus loin un pont-levis, et la garnison finira, si le commandant du fort la laisse faire, — et comment pourrait-il l'en empêcher? — par détruire un à un tous les ouvrages, et par se rendre à discrétion, sans doute pour jouer un mauvais tour aux assiégeants, qui se trouveront bien attrapés s'ils n'ont un de ces jours plus rien à assiéger. Lui-même a porté un coup terrible à son édifice par la grande maladresse du 26 octobre que tout le monde a fini par avoir le bon sens de lui laisser consommer. Enfin, le branle est donné dans l'ancien grand parti de l'ordre : c'est à qui demandera la suppression de ceci, la modification de cela, l'élargissement d'une porte, le percement d'une fenêtre.

Nous sommes, nous, tout à fait désintéressés dans la question, et il n'y a là pour nous que la curiosité du spectacle. Il est, nous le répétons, fort étrange. L'empire a été créé en vue de la stabilité et pour épargner, disait-on, à la France fatiguée les agitations inséparables de la démocratie. Et voilà qu'au bout d'une éternité de dix-sept ou dix-huit ans rien n'est définitif, et que l'empire a été, comme le disait naguère le *Peuple français* de M. Duvernois et Cie *pour la première fois contesté dans la rue!*

Il faut bien le dire, l'empire avec tous les travestissements que les bonnes âmes du tiers-parti et les membres affolés de la majorité prétendent lui faire subir, l'empire ne serait plus l'empire. Il deviendrait un je ne sais quoi qui n'aurait plus de nom dans la langue politique. L'empire, comme la papauté, a son *non possumus,* et il est de ces institutions qu'on ne saurait modifier sans les détruire, qui ont forcément pour devise : *Sint ut sunt aut non sint :* être telles qu'elles sont ou ne pas être.

Qui donc peut nourrir la chimère d'un empereur régnant et ne gouvernant pas? Ni le système, ni les hommes qui l'ont fondé ne se prêteront jamais à une pareille transformation. Ajoutons que le génie de la France ne se prête pas davantage à ces fictions constitutionnelles. Ce sont d'autant plus des fictions, que jamais les prétendus principes d'une telle administration ne sont respectés et pratiqués de bonne foi par ceux qui en ont pris l'engagement. N'a-t-on point vu Louis-Philippe, roi constitutionnel, bon bourgeois dont le sceptre était un parapluie, se hausser à la fin jusqu'au sommet vertigineux de gouvernement personnel, mélanger l'astuce et la superbe, s'entêter, faire un dernier faux-pas, et tomber de ce fauteuil auquel on avait laissé le nom de trône et qu'il avait pris trop au sérieux? il est difficile, pour ne pas dire impossible, de trouver en France une individualité quelconque dont la résignation aille jusqu'à accepter le rôle de « *Porc à l'engrais.* » Et, quelqu'un l'acceptât-il et le remplît-il sérieusement, naïvement, sans arrière-pensée, l'esprit gaulois le raillerait bien vite de sa platitude et de sa couardise, et la logique française, toujours implacable et irréconciliable, s'écrierait : Si cet homme ne fait rien, il est inutile et il doit disparaître.

Quoi ! dira-t-on , les Français se plaignent d'un homme lorsqu'il les gouverne trop, ils se plaignent également de celui qui ne les gouverne pas assez. Ils sont décidément ingouvernables.

Eh ! vraiment oui, et c'est là leur mérite, leur génie, leur gloire.

Ingouvernables, dites-vous? Ils n'auront donc d'autre ressource que celle de se gouverner eux-mêmes, et ne pourront s'en prendre qu'à eux de tout ce qui arrivera. N'est-ce point un axiome d'économie domestique, que l'on n'est bien servi que par soi-même?

Le suffrage universel, libre, sincère, éclairé, est l'unique talisman capable de réaliser cet état de choses si désirable pour tout le monde. Il peut, s'il le veut, devenir à la fois la source, l'essence et le contrôle du gouvernement, simplifier et abréger tout, tirer tout de lui, faire tout rentrer en lui, être le souverain en fait comme en droit, et personne n'aura rien à y redire et ne concevra même la pensée de se mettre en travers de sa marche triomphante et majestueuse.

De cette façon seulement, la stabilité, fondée sur la liberté absolue, fera son entrée définitive dans l'histoire de la France moderne, et il y aura un peu de repos pour ces pauvres sauveurs de nations, qui, véritablement, doivent être sur les dents.

V

Dans un tel état de choses, quelle doit donc être la conduite des démocrates radicaux au Corps législatif.

La partie la plus importante et la plus décisive du rôle qu'ils ont à jouer n'est certainement pas dans le sein de l'assemblée où ils se heurteront toujours à une majorité enrégimentée et inféodée au gouvernement, produit scandaleux du système des candidatures officielles. Sans doute ils ne pourront refuser leurs votes aux mesures plus ou moins libérales que proposera le tiers parti ou que l'administration elle-même, avec plus ou moins de bonne foi, présentera à la Chambre.

Mais ils ne quitteront jamais pour cela le terrain des principes. Ils seront sans cesse sur la brèche pour dénoncer les abus, demander compte au gouvernement de tous les excès de pouvoir et parler à la France par-dessus la tête d'une majorité factice et d'un Corps législatif incomplet dont le nombre de membres n'est pas en rapport avec la population du pays. Ils seront d'autant plus libres dans leurs allures qu'ils ne feront aucune espèce de concurrence aux députés du tiers-parti dans la chasse aux portefeuilles, qui passionne uniquement Messieurs de l'ex-grand parti de l'ordre. Que la sybille impériale offre à ces cerbères le miel soporatif et les herbes médicinales d'un gâteau ministériel,

Melle soporatam et medicatis frugibus offam,

Et les aboiements cesseront par cet enchantement. Le difficile, l'impossible, c'est de les repaître tous : de là, le danger pour le régime de Décembre. Laissons donc ce régime aux prises avec de pareils ennemis. Leur habileté de destruction, si souvent éprouvée, le dissolvant qu'ils portent partout avec eux, le caractère personnel, égoïste, étroit, de leurs griefs et de leurs réclamations, nous garantissent à la fois la ruine de ce qu'ils attaquent et l'impuissance où ils seront de succéder à ce qu'ils auront tant contribué à renverser.

Au temps même où le despotisme paraissait être le plus solidement établi, où le cœur du pays semblait ne plus battre, où régnait partout l'ordre funèbre et mensonger de ce système, sinistrement égayé par les orgies de l'agiotage et la dilapidation des deniers publics, les esprits droits et sains n'ont jamais cessé de le regarder comme une aventure, un accident dont la durée pouvait être plus ou moins longue, dont les phases avaient été extrêmement diverses, mais dont les limites étaient toutefois marquées par le réveil inévitable de la conscience nationale. Cela n'a donc jamais été pour eux une question de savoir, si le gouvernement personnel finirait; cela n'en est une pour personne maintenant; tout le monde en est arrivé à se demander une chose : Comment finira-t-il?

Laissons de côté les hommes de principe, les répu-

blicains austères qui haïssent la monarchie sous toutes
ses formes, les monarques sous tous leurs déguise-
ments. Ne parlons que des gens, en si grand nombre,
qui se proclament, les insensés! positifs et pratiques,
et dont la complicité morale a permis le triomphe du
coup d'État, en a rendu possible les funestes conséquences et en a nécessité le châtiment, imposant ainsi
à la France dix-huit années de despotisme et une nouvelle révolution politique et sociale, dont il eût été
si facile de faire l'économie. Tous en sont bien reve-
nus; et au nom même de cet esprit positif et pratique
dont ils sont les apôtres, ils confessent hautement leur
erreur, déplorent leur aveuglement et sont d'autant
plus irrités qu'ils ont été plus trompés. On en ren-
contre à chaque instant qui vous disent : « Pour le
coup, c'est trop fort! Cela ne peut aller longtemps
ainsi. On ne se moque par d'une nation à ce point. De
quelque opinion que l'on soit, à quelque groupe politique que l'on appartienne il faut se rendre à l'évidence.
La machine est détraquée. Il faut que cela finisse... »
Et quand on les interrompt pour leur demander :
« Oui, mais comment cela finira-t-il? » ils demeurent
interdits, ne sachant quelle réponse précise faire à cette
question, la seule peut-être qu'ils n'aient point songé à
se poser. Ou bien, s'il en est quelques-uns qui aient un
avis à ce sujet, ils sont disposés à penser que le système
qui a commencé par le massacre et la terreur, finira par
le massacre et la terreur, noyé peut-être dans le sang
des citoyens qui lui a servi de baptême. Alors, on doit
le comprendre, ils se troublent, ils s'affligent, ils cher-
chent et ne trouvent pas la solution de ce problème
redoutable et imminent. Leur incertitude à cet égard
ne saurait être de longue durée. Le désarroi, les oscillations, l'affolement de la politique personnelle frap-
pent tous les yeux un peu clairvoyants; le système se
décompose et s'émiette; à chacun de ses pas corres-
pond un craquement menaçant. En même temps, le
mécontentement grandit, s'étend, gagne de proche en
proche avec une rapidité sans cesse accélérée... Quelle
ressource demeure au gouvernement? Une seule : la
force brutale, qui a été, est, et sera son unique principe,
s'il est permis d'ainsi prostituer ce mot. Aussi ne perd-

il pas une occasion d'y recourir et s'ingénie-t-il à faire naître, à préparer de longue main, à créer le prétexte, quand la raison manque. On l'a vu en juin dernier à propos des élections ; on l'a vu à la Ricamarie ; on l'a vu à Aubin ; on l'aurait vu à Paris le 26 octobre si la population avait eu la naïveté de donner la réplique dans une tragi-comédie d'où le despotisme attend tout son salut. Le casse-tête, le revolver et le chassepot réduits à l'inaction par la sage et victorieuse temporisation des citoyens, le gouvernement est seul contre tous et contre tout : contre la dignité, contre les intérêts, contre les passions de la nation ; contre sa volonté, sa souveraineté et sa puissance, en fin de compte irrésistibles ; contre la misère ; contre la probité publique ; contre l'hiver qui vient, le temps qui coule, le vent qui souffle, le nuage qui passe, l'imprévu qui décide.

Seul il est, et seul il a toujours été. Le régime de Décembre, né de la compression de toutes les libertés, n'a jamais pu recruter à sa cause ni un honnête homme, ni une intelligence d'élite dans ce qu'on appelle vulgairement les anciens partis ; il a été également impuissant à former des individualités éminentes en quoi que ce soit. Les jeunes générations qu'il a tenté de réchauffer dans son sein se sont retournées contre lui, comme de généreux lionceaux qu'aurait voulu élever l'hyène et le chacal. Quelques mines séductrices que leur ait faites l'empire, elles ne se sont point habituées au fard de son visage et aux flatteries de sa bouche ; de quelque tapage qu'il ait cherché à les assourdir, elles ont toujours prêté une oreille attentive et charmée à un son plus lointain, plus pur, dont la musique les ravit et les captive. Ce qu'il y a de certain, c'est qu'à l'heure présente la gangrène a fait des progrès énormes dans le corps malsain du bonapartisme et qu'il est à l'agonie.

En présence de cette décomposition visible, patente qu'ont donc à faire les légions de la liberté, sinon de demeurer tranquilles, impassibles et confiantes dans l'avenir ? Se donne-t-on la peine de renverser ce qui tombe ? Nous pouvons compter sur les fautes de nos ennemis ; elles ne nous manqueront pas, et c'est en cela qu'ils n'ont jamais trompé ceux qui les ont su prévoir

Nous avons toujours pensé, et, plus le temps s'avance, plus nous nous affermissons dans notre opinion, que la ruineuse aventure du gouvernement personnel aurait un épilogue digne du prologue en deux tableaux que Strasbourg et Boulogne ont vu se dérouler, et que tout cet échafaudage, à la fois grotesque et terrible s'écroulerait au bruit d'un immense éclat de rire. On a recollé tant bien que mal la tête de la monarchie coupée le 21 Janvier 1793 ; mais depuis lors, le ridicule n'a cessé de ronger et de défigurer de plus en plus le cadavre mal galvanisé et affublé d'oripeaux disparates. Après la chute encore assez noble de Charles X, est venue la fuite burlesque de Louis-Philippe *sur les nobles coussins d'un char numéroté.* Ce que les peuples sont destinés à voir dans ce genre dépassera certainement en bouffonnerie ce que nos pères ont vu, et vraiment il y aurait de quoi rire de bon cœur... si nous n'avions tant pleuré.

Mais l'armée ne défendrait-elle pas le despotisme de sa dernière épée, de son dernier fusil, de la dernière goutte de son sang ?

Bien fou celui qu'illusionnerait cet espoir décevant ; que sont casernes bastionnées, canons et armes nouvelles, quand un souffle de Liberté et de Vérité passe dans l'air ! Hier, les soldats pouvaient être des machines obéissantes, aujourd'hui de par ce souffle vivifiant, ce sont des citoyens. Quand l'armée entendra le verdict spontané du suffrage universel ; quand elle aura reçu signification du plébiscite souverain rendu en dehors de toute pression impériale par le libre mouvement de la nation ; alors elle se souviendra sans doute qu'elle est, elle aussi, une partie de la nation, sa chair, son sang et sa moëlle, et qu'elle se frappe elle-même des coups dont elle accable ses frères ; alors, comme en Février 1848, elle laissera passer, l'arme au bras, la justice de la paire ! .

Puisque la France de 1792 a mis généreusement au service de la maison de Bourbon quinze ans de patience, dix-huit ans à celui de la maison d'Orléans, dix-huit ans à celui de la maison de Corse, pour ne parler que de la restauration napoléonienne, qu'elle s'accorde à elle-même pour la réalisation de ses vœux les plus chers, pour la certitude de sa délivrance, pour la récu-

pération irrévocable de tous ses droits un nouveau
ᴸsursis.

Voyez comme l'Europe est sage et habile. L'empire
qui, ainsi qu'on l'a dit spirituellement, a produit deux.
grands ministres, *il conte* di Cavour et *der graf* von
Bismark, l'empire est au dehors haï et craint comme
un voisin remuant, perfide et dangereux. Il voudrait
bien, assure-t-on un peu partout, créer des «questions
extérieures » et au besoin pour faire diversion aux
embarras inextricables de l'intérieur, lancer les armées
françaises sur le Rhin. Mais, sans ennemis, pas plus
que sans alliés, on ne peut se battre, et l'Europe qui,
après avoir toléré, puis subi un voisin aussi incom-
mode, brûle d'en être débarrassée, reste sourde et
muette, et se garde bien de prêter le flanc. Serons-
nous moins prudents et moins adroits? Tomberons-nous
dans le piége? Fournirons-nous sur la place publique
des ennemis, des victimes et un combat à ceux qui ne
souhaitent, n'attendent et ne provoquent que cela? Ce
qui doit disparaître à jamais, par le fait seul de ɩa volonté
du Peuple souverain librement exprimée, vaut-il qu'on
verse pour l'attaquer ou pour le défendre une seule
goutte de sang français? Non, certes. Le peuple a fait
ses preuves d'héroïsme, et l'on doit, quand on le peut,
être avare du sang des martyrs.

VI

En somme, le nœud de la question est tout entier
dans le suffrage universel, et l'importance capitale
de la mission des députés de l'opposition radicale
démocratique est dans leurs rapports constants avec
les électeurs, dans leur communion continue avec
l'esprit et le cœur de la France. Ce n'est pas qu'ils
puissent ou doivent, comme on l'a dit, former à l'a-
vance une sorte de *gouvernement provisoire*; c'est à
la phase actuelle du système impérial que le *Times* a
plus spirituellement et plus justement appliqué cette
dénomination. Mais sur toutes les questions du lendemain, politiques, sociales, agricoles, industrielles, com-
merciales, ils doivent se préparer, agir sur l'opinion et,
à leur tour, en recevoir l'action; ils doivent organiser
la victoire sur tous ces points et se trouver en me-

sure de profiter de cette victoire par des solutions, non provisoires, mais définitives, autant du moins que la loi du progrès incessant et le régime de la liberté illimitée peuvent souffrir quelque chose de définitif. Ils doivent enfin à force de franchise, à force de publicité, à force de lumière, convaincre ceux qui redoutent les surprises, gagner ceux qui craignent l'inconnu, rassurer ceux qui ont peur dans les ténèbres.

Il y a vingt et un ans la France marchait au grand soleil de la République dans une voie droite et large. On avait beau semer des obstacles sous ses pas, chercher à la faire dévier de son chemin, retarder plus ou moins son allure, elle marchait toujours et serait arrivée un jour ou l'autre au but qu'elle poursuivait et qui se fût bientôt changé en un point de départ nouveau pour une nouvelle étape et de nouvelles conquêtes dans le champ infini de la liberté et de la science politique.

Tout à coup, un nuage noir et à l'aspect menaçant se dressa devant elle; un rideau de ténèbres épaisses lui barra le chemin. Sur ce rideau, une main perfide avait écrit : 1852! Et tandis que le jeu régulier de la constitution républicaine assurait le renouvellement légal et pacifique du pouvoir exécutif au temps prescrit, des bruits sinistres et mensongers faisaient prévoir au pays égaré, nous ne savons quel bouleversement effroyable, quel cataclysme inouï, quelle subversion totale de la société. Derrière ce rideau factice et ces ténèbres artificielles s'avançait la nuit réelle, glacée et sanglante de Décembre; derrière ces voiles trompeurs ceux qui agitaient le spectre rouge méditaient la révolte, le parjure et la délapidation ; ceux qui faisaient crier « *au feu! au voleur ! à l'assassin!* » préparaient l'incendie véritable, le vol de la liberté, le meurtre de la République.

Tout étant prêt, les honnêtes gens abusés, les fripons complices, pour éviter, disait-on, les ténèbres de l'avenir, pour échapper à l'échéance prétendue redoutable, pour se délivrer de la terreur de l'inconnu, donnèrent tête baissée dans le forfait; et, refusant de se confier aux flots limpides du vaste océan démocratique dont ils craignaient les tempêtes imaginaires, ils se

jetèrent dans la mer Morte du bonapartisme où peu
s'en faut qu'ils n'aient noyé la France.

Comment! vous aviez peur de l'inconnu, et vous
alliez à l'empire? Vous trembliez dans les ténèbres, et
vous affrontiez le régime de Décembre? Mais Décembre, mais le despotisme, voilà l'inconnu, voilà les ténèbres! On s'y heurte à l'équivoque, au mensonge, au
gaspillage, à tous les casse-cou du gouvernement personnel. Ne vous avait-on pas dit solennellement :
« *L'Empire c'est la paix!* » Aviez-vous prévu Sébasto-
pol, la Syrie, la Chine, la Cochinchine! Vous atten-
diez-vous à Magenta et à Solferino, d'un côté, à Mentana, de l'autre? La plus hardie de toutes les hypo-
thèses vous eût-elle jamais fait songer au Mexique?
Vous figuriez-vous la couardise devant Gortschakoff
en 1863, l'imprévoyance et la maladresse avec Bismark
en 1866? N'avez-vous pas vu enfin que vous vous étiez
livrés pieds et poings liés à l'inconnu, au hasard, à
l'arbitraire, au caprice, à la fatalité aveugle de la tyrannie qui se précipitait et vous précipitait vous-mêmes
avec elle?

En 1869 enfin, — il était temps! — trois millions
cinq cent mille électeurs l'ont vu, l'ont affirmé par leur
vote et ont dit au système de Décembre : « Tu n'iras
pas plus loin.

Y a-t-il encore des gens qui veuillent s'y raccrocher
par peur de l'inconnu, qui soient d'humeur à le suivre
dans sa course désordonnée, pour fuir des ténèbres qui
n'existent pas?

Encore une fois, de quel côté est l'inconnu, de quel
côté sont les ténèbres?

Ce ne sont pas les républicains que l'on accusera
jamais de voiler leurs principes, de déguiser leurs aspirations, de cacher leur drapeau. Ces principes, ces
aspirations, ce drapeau, sont aujourd'hui ce qu'ils
étaient hier, ce qu'ils seront demain. Nous voulons
pour la France, pour notre chère patrie, et aussi pour
tous les peuples frères qui sont dignes de ces biens
inappréciables par tout ce qu'ils ont fait pour les conquérir ou pour les conserver, nous voulons, et la gauche radicale doit vouloir avec nous tous, la liberté, la
sainte liberté sans restrictions, sans limites, sans mé-

langes, chaste, nue et féconde ; le gouvernement le
plus simple et le moins personnel possible, et par cela
même d'une charge légère aux contribuables ; le suffrage universel vrai, sincère, éclairé, conscient, fré-
quemment consulté, appliqué à l'élection de tous les
fonctionnaires politiques, administratifs et judiciaires ;
la souveraineté de la nation entière dans les grandes
questions de paix et de guerre, d'assiette, de réparti-
tion et de contrôle des impôts ; l'instruction publique
gratuite à tous les degrés, obligatoire au premier,
laïque, nationale et civique de la base au sommet ; la
disparition des armées permanentes ; l'organisation
équitable et démocratique de la défense du pays ; la
suppression du budget des cultes ; celle du cumul et
des gros traitements de toute espèce ; l'entretien de relations fraternelles avec les peuples et la fédération des
Etats-Unis d'Europe ; le développement spontané de l'as-
sociation en tout et pour tout, la création de la commune
libre dans l'Etat libre, l'égale circulation du sang et de
la chaleur vitale dans tous les membres du corps social,
aux extrémités comme au cœur et à la tête, distribu-
tion nouvelle des forces nationales qui, loin d'amoin-
drir la personnalité française dans le concert européen,
lui donnera une situation à la fois plus forte, moins
menaçante et conséquemment plus juste.

Vous qui avez peur des ténèbres, — et avec raison,
— dites, n'est-ce point là la lumière, le plein jour de
la vérité, l'éclatant rayonnement du droit ? Y a-t-il
là quelque chose qui puisse effrayer quelqu'un ? Est-
ce que la réalisation de toutes ces idées simples, nettes,
grandes ne doit pas être et n'est pas en effet, dans les
vœux de tous les honnêtes gens, de tous les bons citoyens, de tous les patriotes sincères ? Que sont donc
ceux qui ont travaillé sciemment à établir le contraire,
qui en souhaitent et en favorisent le maintien, et qui
nous poursuivent aujourd'hui comme il y a vingt ans,
comme toujours, de leurs calomnies, quand ils nous
épargnent leur violence ? Que sont-ils, nous le deman-
dons, et qu'aurait à espérer le pays s'il pouvait être
encore assez malheureux pour se laisser de nouveau
tromper et dompter par eux ? C'est alors que, de plus
belle, la France retomberait dans les ténèbres, dans

les intermittences de la compression et de la tolérance, dans les aventures belliqueuses, dans tous les hasards que peuvent faire naître les fantaisies variables du gouvernement personnel, de la santé d'aujourd'hui, de la maladie de demain, d'un moribond ici, d'une femme et d'un enfant là. C'est alors qu'en marchant à tâtons dans la nuit toujours croissante, la France de faux pas en faux pas, de chute en chute, roulerait, souillée, meurtrie, sanglante, inanimée, dans la fosse commune des nations qui se sont abandonnées. Notre pays n'a que trop laissé de sa dépouille à tous les buissons de la forêt. Maintenant, la forêt est traversée; il n'y faut pas rentrer, la dure expérience est faite, il ne faut pas la renouveler. Marchons à l'air libre et sain de la plaine verdoyante et lumineuse. C'est assez, c'est trop d'avoir subi Brumaire et Décembre. Vous tous qui redoutez l'inconnu et qui avez peur dans les ténèbres, venez et saluez, après ces sombres éclipses, l'astre de la liberté qui monte resplendissant et rapide à l'horizon du matin. Que craindriez-vous? N'êtes-vous pas le suffrage universel, et n'est-ce point avec vous que vos élus doivent s'entendre sur tous les points que nous indiquions tout à l'heure?

A propos de suffrage universel, il faut bien l'entendre : il y en a deux, le faux et le vrai, celui du gouvernement, et celui de la nation.

VII

La constitution votée le 6 Messidor an II de la République française par la Convention nationale et acceptée par la France, institua l'élection directe des députes au Corps législatif par le suffrage universel des citoyens.

Cette constitution, on le sait, ne fut jamais appliquée. Réclamée énergiquement par le peuple dans les insurrections du 12 Germinal et du 1er Prairial an III, elle tomba dans un injuste oubli après la défaite de ces formidables mouvements.

Il fallut attendre plus d'un demi-siècle pour voir de nouveau proclamer et, cette fois mettre en pratique dans sa majestueuse équité et dans sa simplicité féconde le suffrage universel. Ce sera l'éternel honneur de la révolution de 1848 d'avoir réalisé cette idée.

Ce n'était pas assez pour les incorrigibles ennemis de la liberté et du progrès d'avoir retardé de cinquante-cinq ans l'avènement du droit. Quand ils se virent contraints de le subir, ils tâchèrent du moins d'en tirer le meilleur parti possible pour leurs criminelles visées ; ils le torturèrent, ils le mutilèrent, ils s'en firent les bourreaux en le couronnant de fleurs, en brûlant de l'encens et en chantant des hymnes ; et ils auraient pu dire, comme le tyran de la tragédie :

J'embrasse mon rival ; mais c'est pour l'étouffer.

On commença par introduire dans la constitution de 1848, un article qui instituait un président de la République. Les gens honnêtes et naïfs n'y virent que du feu et eurent la simplicité de ne pas croire que ce rétablissement partiel du pouvoir personnel, si limité qu'il fût, était le premier degré qui conduisait inévitablement à la prompte restauration d'une monarchie. Les coquins habiles qui formaient la coalition anti-républicaine se frottèrent les mains et se dirent qu'ils avaient trouvé leur planche du salut.

Quand ce premier tour eut été joué avec la complicité inconsciente du suffrage universel, les mêmes Scapins commencèrent à bafouer le nouveau Géronte ; ces Aristophanes de pacotille se moquèrent effrontément du bonhomme Démos, et ne se gênèrent plus pour traiter le souverain de ganache. Ils le mirent donc en curatelle, l'interdirent en partie, et, grâce à la loi du 31 mai, se promirent de le voir désormais vieillir dans une longue enfance et l'immobiliser dans une stérilité absolue. Ils avaient refait un pays *légal*.

Cependant l'arbre que l'on avait planté donna son fruit amer dans la glaciale et funèbre saison de décembre. Alors par une équivoque funeste, la main qui frappait la République écrivit une proclamation où la *restitution* du suffrage universel était annoncée solennellement. Cette audace fit tout le succès de l'entreprise auprès des simples et des ignorants. Et c'est de là, sans dou e, que venait, il n'y a pas longtemps, à nous ne savons plus quel ministre, l'idée de dire à la tribune du Corps législatif, que l'empire avait doté la France du suffrage universel ! On ne saurait vraiment se moquer avec plus d'impudence de ses auditeurs et de la France tout entière.

Et quel suffrage universel avait-on ainsi *restitué* au peuple français? Un suffrage universel garrotté, enchaîné, rendu aveugle et paralytique par le système brutal des candidatures gouvernementales, atrophié sous le récipient de la machine pneumatique dont les préfets font mouvoir les pistons. En le violentant ainsi on lui fit produire tout ce qu'on voulut, absoudre tous les crimes et consacrer toutes les folies. La torture seule lui arracha tous ces mensonges dont il ne saurait être responsable et dont ses bourreaux seront punis.

Toutefois, il y a six mois, le suffrage universel broyé, écartelé, roué, s'est à moitié tiré des mains des tortionnaires; et, malgré les coins, les brodequins, la question ordinaire extraordinaire, il a retrouvé assez de force pour les faire pâlir et reculer à leur tour, assez de voix pour crier : « Je suis celui qui suis, et je vous balaierai quand je voudrai. »

C'était pourtant bien commode. On avait son talisman, son palladium, son labarum, son fétiche, son manitou, son petit suffrage universel à soi. Tous les six ans, on le tirait de l'armoire, on l'époussetait, on lui faisait sa toilette, on accomplissait devant lui beaucoup de génuflexions, on lui cassait sur le nez un nombre considérable d'encensoirs, on le couvrait de fleurs et de festons; mais, sous les fleurs, on lui avait mis le licol, les poucettes et les entraves; et, comme il ne pouvait marcher ainsi tout seul, l'attelage des candidatures officielles promenait dans toute la France le souverain indolent, l'idole mensongère, le suffrage universel de carton.

A présent, c'est fini. Il n'y aura bientôt plus de manitou, de fétiche, de labarum, de palladium, de talisman. L'impassible grand Lama du Thibet impérial a fait place à l'hydre aux dix millions de têtes vivantes, parlantes et menaçantes. N'approchez pas : elles mordent. Ne les touchez pas : elles vous dévoreraient.

Voici, pour laisser la métaphore, comme nous comprenons le suffrage universel: A nos yeux, il doit être, dans les seules limites de la justice et du bon sens, tout le ressort de l'Etat et du gouvernement, ou plutôt l'Etat et, en quelque sorte, le gouvernement lui-même. Les délégations qu'il confère doivent être les moins nombreuses possible et d'une durée très-abrégée. De la sorte, il tiendra dans sa main à tout instant ses propres destinées, qui sont celles du pays. La simplification des rouages, l'économie dans les finances qui en résulte, la permanence du contrôle national, sont les premières et les plus solides garanties de la liberté.

Quant au mandat impératif dont on a beaucoup parlé dans ces derniers temps, nous n'en sommes point partisan. Assurément, tout fonctionnaire, tout mandataire, tout élu de la nation n'est, à notre avis, que son serviteur; mais l'idée d'un mandat impératif a quelque chose qui répugne à la dignité individuelle et qui empêchera toujours qu'il soit accepté par une personnalité de quelque valeur morale et intellectuelle. On ne s'habituera pas plus en France au député qui vote et qui ne pense pas, qu'au roi qui règne et ne gouverne pas. Et puis, s'agit-il d'un mandat impératif limité à une seule question ou étendu à un certain nombre d'objets? Faudra-t-il, dès que les bornes du mandat seront atteintes, que le mandataire sollicite de nouveaux ordres? Avec un honnête homme la garantie au mandat impératif est inutile; avec un malhonnête homme, elle est illusoire.

Dans l'état actuel des choses, le candidat publie sa profession de foi et y fait connaître à ses électeurs son opinion sur les questions importantes et la conduite qu'il compte tenir dans le débat de ces questions au Corps législatif. Si les électeurs le nomment, c'est qu'ils sont d'accord avec lui sur la solution désirable des différentes questions. Une fois nommé, s'il remplit tous ses engagements, rien de mieux; personne n'a rien à lui reprocher. S'il y manque ou ne les remplit qu'imparfaitement, les citoyens ne lui continuent pas son mandat aux élections suivantes. La seule chose à faire, c'est donc d'abréger le plus possible le temps des législatures, de le réduire à trois ans, à deux ans si l'on veut, de nommer des députés dont les opinions seront bien connues d'avance, dont la constance et la fermeté de conduite et de caractère seront éprouvées, et qui entretiendront, non pas avec nous ne savons quelles

reunions de prétendus délégués, mais avec le corps
électoral tout entier, des relations fréquentes et fertiles
en heureux effets, et d'assurer surtout la liberté et la
sincérité du suffrage universel, sans lesquelles la nation, livrée aux éventualités funestes de la fiction, de
l'arbitraire et de la tyrannie, marche au hasard de soubresauts en soubresauts, redoute à toute heure un cataclysme et risque d'être précipté dans l'abîme et d'y périr.

<h2 style="text-align:center">VIII</h2>

En résumé, nous estimons que la conduite des
membres de la gauche radicale et démocratique du
Corps législatif doit être celle-ci :

Harceler sans cesse le gouvernement; sans cesse lui
rappeler son origine et les conséquences nécessaires,
fatales, qu'elle entraîne, sans cesse le poursuivre de la
revendication du droit qu'il a violé et qu'il détient;

Laissez le tiers-parti continuer de son côté l'œuvre
de destruction qu'il a entreprise et hâter la décomposition de ce qu'il affirme vouloir restaurer ;

Se joindre à lui sur toutes les questions de faits qui
intéressent la liberté, sans jamais compromettre la pu-
reté et l'intégrité des principes ;

Accepter avec défiance et en se tenant sur la réserve
comme des restitutions tardives, incomplètes et forcées,
toutes les *consessions* du gouvernement;

Agir, non en vue d'un triomphe impossible dans le
sein du Corps législatif tel qu'il est constitué, mais
dans le but de servir les intérêts de la France et con-
formément aux vœux exactement consultés du suffrage
universel;

Préparer, étudier toutes les questions politiques et
sociales, sans faire la distinction oiseuse qu'on établit
vulgairement entre la politique et le socialisme, sans
tomber dans l'excluvisisme des sectes, sans oublier
non plus de méditer ces paroles prononcées à Liverpool
en 1858 par John Russell : « S'il est quelqu'un qui
s'imagine qu'il n'a d'autre devoir que de manger,
boire et se réjouir, la nuit lui réserve une catastrophe
aussi terrible qu'au tyran de l'antiquité; si quelqu'un
suppose, comme les maîtres de l'empire romain, que
le glaive a terminé l'œuvre, et qu'il ne reste plus qu'à

se plonger dans les voluptés du luxe, le luxe lui-même se tournera contre lui et vengera le monde ; si quelqu'un s'imagine que le pouvoir lui appartient et qu'il a le droit de mépriser la multitude ignorante et misérable, cette multitude le noiera sans pitié dans un fleuve de sang. »

Multiplier les rapports avec le corps électoral, diriger l'esprit public et s'en imprégner, exercer et subir l'influence ;

Se vouer à la recherche des divers problèmes, chacun selon sa spécialité, tous d'après leurs lumières, leur probité, leur patriotisme ;

Se préparer enfin sérieusement en vue de l'avenir et de toutes les éventualités possibles ; n'être pas pris au dépourvu, et, le cas échéant, ne pas recommencer les fautes et les incertitudes du passé et pouvoir remplacer l'édifice croulant du despotisme par les constructions durables de la démocratie.

Voilà quelles doivent être la politique de la gauche, son ambition et sa tactique.

Elle est entourée d'écueils : ici des impatiences généreuses peut-être, mais certes intempestives et maladroites ; là le despotisme, l'ennemi commun, qui excite ces impatiences, y mêle à l'insu de tous des clameurs gagées et pense faire dans l'eau qu'il trouble à dessein quelque pêche miraculeuse. Sentinelles de la démocratie, prenez garde à vous !

Ces idées, que nous croyons pratiques et fécondes semblent être celles d'un des plus avancés parmi les élus du mois de mai dernier. Le PEUPLE de Marseille et tous les journaux après lui, ont donné l'extrait suivant d'une lettre de M. Léon Gambetta à ses électeurs. Il abonde trop dans notre sens que nous ne la reproduisions pas à notre tour :

« La situation s'est beaucoup améliorée, et désormais on peut compter qu'en toute circonstance importante ou critique, un groupe compacte de membres de la gauche radicale se lèvera avec unité pour agir et se déterminer *collectivement* et *solidairement*.

« C'est, à proprement parler, le véritable résultat de notre manifeste et son bon côté.

« J'ajoute que nous avons fait une déclaration importante en déployant le drapeau de la démocratie *radicale*, à une condition toutefois, c'est que cette déclaration ne reste pas une simple phrase et que nous en fassions ressortir toutes les conséquences pratiques. Tant pis pour ceux qui auraient cru ne signer qu'une simple phrase! Ils seront bientôt obligés ou de désavouer leur signature ou d'adopter les légitimes déductions que nous nous proposons d'en tirer.

« Et ici je vais être aussi clair qu'il m'est possible. Par cette déclaration nous entendons nous engager envers le Pays et nos commettants à suivre dans la Chambre une *double méthode de conduite.* C'est-à-dire que nous ferons une opposition *critique* et *organique.* Nous surveillerons, nous dénoncerons impitoyablement les abus et les excès du gouvernement, c'est la critique; mais ce n'est là que la moitié de notre tâche : nous exposerons et nous exigerons, dans une série de projets de loi, reliés les uns aux autres par le principe commun de la souveraineté nationale *et de la forme républicaine*, les institutions nécessaires à une organisation vraiment démocratique. Nous dissiperons ainsi les anxiétés, les alarmes, les sophismes, les calomnies des indifférents et des adversaires. Nous ferons œuvre encore plus pratique que théorique, puisque nous apprendrons au pays qui l'attend avec impatience quel sera et quel doit être le gouvernement de demain.

« L'accomplissement d'une telle tâche dépassera certainement nos forces, mais il est urgent que, sans tenir considération de nos ressources, elle soit immédiatement entreprise. Nous y sommes bien décidés, et grâce à la discussion de notre manifeste, nous sommes assurés du concours d'un groupe d'hommes que la même unité de vues, d'aspirations et de doctrines assemble pour la première fois depuis dix-huit ans.

« L. GAMBETTA. »

Enfin, à propos du second manifeste de la gauche, M. Bancel a adressé la lettre suivante au rédacteur en chef du *Progrès de Lyon :*

Paris, 17 novembre 1869.

Mon cher Noellat,
Ce que vous nommez le manifeste de la gauche n'est qu'un procès-verbal des questions « urgentes. » Il y est

expressément déclaré que nous entendons formuler d'autres projets de lois et exiger de plus amples réformes.

Ce que j'ai signé avec mes collègues, c'est un *minimum*, et non point un programme général du radicalisme.

Voilà ce qu'il faut expliquer sans relâche, afin que le peuple ne se laisse pas aller à croire que nous enfermons ses légitimes espérances et ses revendications dans cette première enceinte. Elle ira s'élargissant jusqu'au jour de la victoire définitive de la souveraineté national.

Alors, sur les débris du pouvoir universel ruiné, le suffrage universel établira la république.

A vous, ex intimo,
D. BANCEL.

IX

Ainsi que nous le disions en commençant, l'état politique de notre pays touche évidemment à une crise, qui sera d'autant plus complète, plus décisive, plus irrévocable et plus féconde, qu'elle sera pure de sang versé, qu'elle s'achèvera comme elle a commencé, que toutes les batailles de cette guerre sans larmes se livreront sur le terrain du vote universel.

Du sang? Aucune main n'en doit plus verser. Est-ce que cet effroyable engrais tant prodigué a jamais fertilisé le champ de la liberté? Nous avons tous assez travaillé pour la mort. Travaillons pour la vie. Etudions, éclairons, moralisons; ayons pitié des hommes, des coupables comme des malheureux ; faisons la guerre aux choses mauvaises, et tous les hommes finiront par être meilleurs.

Il incombe donc aux élus du suffrage universel d'accomplir leur mandat avec toute la persistance avec toute l'énergie, avec toute l'inflexibilité que réclame le pays, impatient de rentrer en possession de lui-même.

En présence de ce grand mouvement de l'opinion, qui chaque jour s'accroît et s'accélère, nous sommes tranquille sur l'avenir dont le passé nous répond. Depuis quatre-vingts ans, les combattants n'ont point fait faute au combat de la liberté, et nous n'y manquerons pas plus que nos pères de la première révolution. Notre époque est encore une époque de transition et de lutte, et nous livrons encore la même bataille que nos devanciers. Puisons donc dans leur œuvre des forces avec des exemples. Les ennemis qu'ils avaient crus morts de leurs coups n'étaient que blessés; ils se sont relevés; et bien que tant de cicatrices récentes affaiblissent leur marche, ils se flattent encore d'en venir à leurs fins. Serrons les rangs; veillons. Nous avons à éclairer les ignorants, à réchauffer les tièdes, à fixer les incertains, à entraîner les craintifs. Notre cri de guerre est *liberté!* Quel autre pourrait prévaloir contre celui-là? Sans doute, depuis que la lutte a été engagée, beaucoup d'entre nous ont succombé; il y a eu des défaillances et des découragements; plusieurs ont été abandonnés de la foi. Tout-à-coup, nous nous réjouissions d'avoir fait un grand pas nous pensions être arrivés au but, nous chantions le triomphe.... et tout-à-coup nous étions repoussés; une main glaciale, roide et funeste s'appesantissait sur nous, et brisait tout ce qu'elle ne pouvait faire plier. Mais laissez passer quinze ans, vingt ans, — un point dans l'infini des âges, — et ceux que la défaite n'a point désespérés, menant au combat les jeunes recrues recommencent la lutte, livrent un dernier assaut, et remportent la suprême victoire. Victoire heureuse et singulière, où, pour parler comme le poète,

> Les vainqueurs sont jaloux du bonheur des vaincus;

où la liberté guérit les blessures qu'elle a faites; où le bien commun est le but de tous les efforts; où, pour toute vengeance et pour tout châtiment, les ténèbres se perdent dans l'irrésistible lumière; victoire que pas une tache de sang ne souille, et qui donne au monde la paix dans la justice et dans la vérité, le bonheur dans l'accomplissement libre et raisonné des lois de la nature. Puissions-nous le voir bientôt resplendir, le jour de cette victoire, et trouver en nous assez de force pour ne pas mourir de notre joie, et, fidèles apôtres du progrès éternel, crier à nos fils comme nos peres nous ont crié : « En avant! En avant En avant! »

Paris. — Imprimerie SERRIÈRE, rue Montmartre. 123.